天下文化
BELIEVE IN READING

心理勵志 BBP451

與成功有約

｜祕密版｜

高效能人士的七個習慣

The 7 Habits
on the Go
Timeless Wisdom
for a Rapidly Changing World

史蒂芬‧柯維 Stephen R. Covey 智慧啟發

《紐約時報》暢銷書作者

西恩‧柯維 Sean Covey 著　　顧淑馨 譯

心中秉持恆久不變真理的人，

才能屹立於動盪的環境中。

　　──史蒂芬·柯維

Contents 目次

Contents 目次

習慣七：不斷更新

額外附贈

前言　區別效率心態和效能心態

史考特‧米勒（Scott Jeffrey Miller）

《由管理困境到成功領導》
（*Management Mess to Leadership Success*）作者

　　我在富蘭克林柯維公司服務近二十五年，它在增進績效方面是領先全球的企業。而全世界有那麼多人在提到我們共同創辦人史蒂芬‧柯維的名著：《與成功有約：高效能人士的七個習慣》（*The 7 Habits of Highly Effective People*）時，卻會說成「高成功人士的七個習慣」（The 7 Habits of Highly Successful People），或「高效率人士的七個習慣」（The 7 Habits of Highly Efficient People），真讓我訝異。對說錯書名的人來說，這或許只是小小的差別，可是柯維博士用「高效能人士的七個習慣」為書名，是有特

別用意和考量的。

　　柯維博士努力不懈的目標，就是為了提升人們的效能，所以切勿偏離這個重心是很重要的：他生前的熱情和留下的傳承，心心念念都在協助人們提升效能，不只是自己本身的效能，也包含與他人互動的效能。

　　前三個習慣著重於怎麼把個人生活活得有效能；那關係到「個人成功」，造就自己。管好自己的行為、態度、優先事項、使命和目的。其次三個習慣是關於與他人的互動。這是「公眾成功」，是身為父母、配偶、領導者、朋友、同事或鄰居的人際關係。最後一個習慣是不斷更新，它涵蓋所有其他習慣。

　　我自己對七個習慣有重大醒悟的時刻，出現於柯維博士說明「效率」和「效能」的差別時。這兩者有很重要的不同之處 —— 區別效率心態和效能心態，人人都不可忽略。

　　我向來是很有效率的人。認識我的人都知道，我清晨四點起床，寫文章和寫書。我也喜歡列表。舉例

來說，我在星期六通常也是效率極高。到上午九點，我已經洗完車，趕到家得寶（Home Depot）買好園藝用品、割好草、沖完澡，準備開始這一天。照大多數人的說法，我的生產力超高。我喜歡做事動作快，數量大，這在人生大部分領域包括事業，都暢行無礙。

我不希望各位以為我在貶低效率。不，效率是生活中很重要的品質。很多非常成功的人其實都很有效率。開會、處理事情、發簡訊、發電郵；丟垃圾、割草皮等，都可以很有效率。有很多保持高效率的方式。問題在於我已經習慣高效率思維，或是說抱持高效率心態，而這一生中大部分時間，我也把它複製到私人和專業的關係上，結果卻經常很糟。

多虧這七個習慣，使我有所頓悟：在人際關係上不能講求效率。柯維博士在他的書中談到，高效能的人不會在關係上要求高效率。每個人包括我，都有那種時刻，就是領悟到七個習慣最寶貴的一課，在於明白什麼時候該以效率心態行事，什麼時候該採用效能

心態。柯維博士最偉大的佳句之一是：「與人相處，慢反而快，快反而慢。」你必須放慢速度，好整以暇，用同理心去傾聽，以建立高信任度並持久的關係。

不論做正式或非正式的領導者，當有人來找你，為了某個問題想與你有所連結，你可以考慮蓋上筆電，拿下眼鏡，關掉手機，認真的讓站或坐在你對面的人，知道你願意和他談。主張人是組織最珍貴的資產，那根本不對。人不是組織最珍貴的資產。最珍貴的是組織人員間的關係，創造出文化和競爭優勢。

我再重複一次：對人不能講效率。那是我最大的心得。我真的很感激有此體悟，我試圖把我最強的天賦：效率，運用在一切事物上，卻發現：「噢，這也許是我的某些關係並不理想，或我的生活中有衝突的原因。有些人偶爾會覺得，我脾氣不好，或行為魯莽，或心不在焉，原因可能也在此。」在我讀到柯維博士的書之前，並不懂得我人生某一領域的才能，其實是另一領域的負債。那阻礙了我與別人建立深入、

信賴的關係。等我成為配偶和父親時，我更清楚的發現，凡是根植於效能心態的關係，會更持久、有益、互惠和有意義得多。

那麼我希望讀者能從這本改變我人生的書的特別版本，得到什麼收穫呢？大家都希望自己很有生產力，這求快的世界也要求我們一心多用，於是許多人在做超出能力範圍或不明智的事。有鑑於並非人人都有能力或時間去一讀或再讀整整一大本書，才有這本《與成功有約祕密版》。這個祕密版讓讀者有機會吸收柯維博士最擅長的關鍵洞見，內容則濃縮為簡短的語句、深刻的名詞和引言，好讓讀者簡單快速的查閱參考，卻絲毫不缺乏深度。《與成功有約祕密版》易於入手，它是一本輕鬆的基礎讀物，用易讀易實踐的方式，幫助你我接近這些深入的原則。

願本書幫助各位認識到，人生最重要的部分，總是根植於關係上，而人人都需要明白，相對於效率，在人際關係上，重視效能更為重要。

導讀　**成為全方位更有效能的人**

西恩・柯維

《7個習慣決定未來》、《執行力的修練》作者

歡迎閱讀《與成功有約祕密版：高效能人士的七個習慣》。在未來一週、一月、一年，無論你要為這趟旅程投入多少時間，我都邀請各位走出舒適圈，改變思維，改善和修復關係，並在個人和專業上，成為全方位更有效能的人。

你很可能在想：「對啊，西恩，你說得對。可是我有那麼多事要做，沒時間再多加一件。」但我們做這本書，正是為了這個原因。這是祕密版，快速而有效。每天只要花幾分鐘，看一小節，再自問書中提供的每週一問（也停下來想一想），然後接受這個挑戰。

提升自我的祕訣，不在於一夕之間做出劇烈改變，而在於每天都讓自己獲得小小的勝利。要是你每天花幾分鐘，努力做得比昨天好，你終究能夠達成目標。

　　每天偷一點時間，吸收取自國際暢銷書《與成功有約：高效能人士的七個習慣》的重要智慧，作者是家父史蒂芬‧柯維。這是一本小書，可是絲毫無損於處處是洞見。每一頁教導一個有關效能的關鍵原則，提出挑戰，鼓勵反思，還有一句鼓舞的引言。

　　如果你是喜歡隨意瀏覽的人，也沒問題。照你的方式去做。在等車，在監理處排隊，或下載電影時，不妨翻翻這本書。堅持讀下去，你會覺得值回票價。

　　掌控自我人生的最佳方式，就是向自己許諾，然後遵守承諾。在你踏上與成功有約的旅程時，請遵照這簡單的程序，開始對自己和他人許下承諾，並且遵守，那麼你在工作上和家庭裡，克服挑戰的能力一定會愈來愈強。別忘了登高必自卑，行遠必自邇。

　　祝各位一路順風。

與成功有約祕密版

引介高效能習慣

定義高效能

☐ 請列舉為了提高效能,你想要
做的一些改變。在接受本書的
各種挑戰時,把這份清單放在
手邊備查。

請自問：————————————————

在工作和個人生活上，什麼對我最重要？

當你轉移重心，所產生的影響也會改變。把焦點對準生命中的要事，並且列出今後要採取什麼步驟，才能讓那些重要領域產生正面變化。

就算今天只應用七個習慣中的一個，也能立即見到效果；但這是一生的歷程，一生的承諾。

——史蒂芬・柯維

找個好榜樣

☐ 想到一個品格高尚的人。

☐ 確定他遵守的一些原則。

☐ 這些原則當中,有哪些你也
　想要奉行?

☐ 今天就做一件符合那些原則
　的事。

請自問：

我是否只求快速解決問題，卻犧牲了個人品格？

就像樹頂一樣，別人看我們，最先看到的是品行。外表、技術和技巧固然會影響成功，但是維持效能持久的真正泉源，來自實在的品德 —— 樹根。

以品德為生活原則的人，他們的根扎得更堅固、更深入。他們禁得起生活壓力，並且持續成長和進步。

—— 史蒂芬・柯維

檢視個人思維

☐ 用五個詞來形容你對人生的某
個重要面向有何感受。

☐ 你從這五個詞裡,對自身的思
維有何認識?

☐ 找出你需要如何改變思維,才
能達成目標。

請自問：

我的思維有多準確？

思維是我們見識、理解、詮釋世界的方式，是我們的心靈地圖。

若是只想稍微改變一下人生，在行為上努力就好。可是想做出脫胎換骨的重大突破，就要在思維上下工夫。

—— 史蒂芬·柯維

Habit 01

習慣一
主動積極

為自己的人生負責。
你不是遺傳、環境或教養的受害者。
請以你的影響圈為生活重心。

Habit 01

習慣一　主動積極

在刺激與回應間暫停

☐ 試想在明天，你預期有哪一件事，也許會啟動你的回應按鈕。

☐ 現在就決定你的主動積極做法。

請自問：

下一次當我面臨十分激動的狀況時，我要如何主動積極回應？

被動反應是任憑外在影響力控制我們的回應。

主動反應是先暫停一下，根據自己的原則和想要的結果，選擇如何回應。

從有事情發生在我們身上，到我們如何回應之間，有一個空檔，個人成長和幸福的關鍵，就在於如何運用那個空檔。

——史蒂芬・柯維

Habit 01

習慣一　主動積極

做一個轉型人

☐ 想想有哪些負面模式：壞習慣、
　負面態度等等，可能是你從別人
　那裡學來的。

☐ 那些模式如何影響了你？

☐ 今天就採取行動打破那種模式。

請自問：

誰是我的轉型人？他們對我的人生有什麼影響？

轉型人（Transition Person）會打破不良、過分或無效的行為，傳遞讓人成長茁壯的習慣。

我們是受遺傳、教養和環境的影響，但是那些並不能決定你我的人生。

—— 史蒂芬‧柯維

Habit 01

習慣一　主動積極

不說消極被動的話

☐ 試著一整天不說，像是「我辦不到」、「我不得不」，或是「我被你氣死了」這類消極被動的話。

請自問：————————————————————

我說出口的話，是否顯得我像被害者？

消極被動的話語明白顯示，你自視為環境的受害者，
而不是主動積極、自立自強的人。

被動消極的言語有個嚴重的問題，就是會變成心理暗
示，弄假成真。人們……覺得受到迫害，失去控制，無
法主導自己的人生或命運。他們把自身狀況怪罪於外在
力量：他人、環境、甚至星座。

——史蒂芬·柯維

Habit 01

習慣一 主動積極

說主動積極的話

☐ 從今天起，要刻意使用像這樣開頭的句子：

「我決定要⋯⋯」

「我做得了⋯⋯」

「我能夠⋯⋯」

請自問：───────────────

當我説主動積極的話時，我對自己有什麼不同的
感覺？

我們怎麼看待自己主動積極的程度，從說出口的言
詞，就是真正的指標。採用主動積極的字眼，有助於
我們感覺能力更強，也更有行動力。

我不受制於周遭環境，我要決定自己的人生。

── 史蒂芬・柯維

Habit 01

習慣一　主動積極

縮小關注圈

☐ 想起一個你正面臨的問題或是
機會。

☐ 列出你關注圈內所有的事物，
然後放下。

請自問：

我浪費了多少時間精力，在自己無法掌控的事物上？

關注圈包含你擔心卻無法控制的事。要是你把重心放在這上面，就沒有太多時間精力可以用於你能影響的事物上。

做照亮他人的蠟燭，而非論斷對錯的法官；以身作則，不要只顧批評。

—— 史蒂芬・柯維

Habit 01

習慣一　主動積極

擴大影響圈

- [ ] 想起一個你正面臨的重大挑戰。
- [ ] 列舉你能控制的每件事。
- [ ] 決定你今天要採取哪個行動。

請自問： ─────────────────────

我的影響圈在成長還是縮小？

影響圈包含你可以直接影響的事。當你把重心放在這裡，你的知識經驗會增長，於是你的影響圈會擴大。

主動積極的人把心力集中於影響圈。他們的能量是正面的，有展延、擴大的作用。

── 史蒂芬‧柯維

讓日子變得主動積極

☐ 今天你要是覺得自己變得消極被
動，請祭出人類的四大天賦：自
我意識、良知、獨立意志和想像
力。請設法在今天一整天裡，把
每種天賦都用上。

主動積極的人是「自我人生的創造力量」，他們選擇
自己的道路，並為結果負責。消極被動的人卻自視為
受害者。

每個人都擁有四種天賦：自我意識、良知、獨立意志、
創造性想像力。這些天賦給予我們終極的人類自由：選
擇能力。

——史蒂芬・柯維

Habit 02

習慣二
以終為始

定義你的人生價值、使命和目標。
依照你的人生願景過日子。

Habit 02

習慣二 以終為始

行動前先定義結果

☐ 從你今天的行程中，找出私事和公務各一件。寫下你心中希望這兩件事會有的結果。

請自問：————————————————

當我開始時，心中有明確的目標，結果會有什麼差別？

所有事物都經過雙重創造：一是精神創造，一是實質創造。在你行動之前，應先對想要達成的成果有清楚的概念。

在成功的階梯上往上爬時，太容易碰上愈做愈拚命，到頭來卻發現你的階梯搭錯了邊。

—— 史蒂芬・柯維

慶祝你的八十大壽

- ☐ 想像你的八十歲壽宴。寫下你希望在場的人如何稱道你,還有你對他們的人生有何影響。

- ☐ 本週你可以做哪件事促成那場壽宴成為事實?

做一個有效能的人，代表你願意花時間去設定，對最重要的關係和責任，你要留下什麼遺產。

每個人在內心深處，都渴望過著偉大而有貢獻的人生：要能夠真正發揮作用，真正使世界變得不一樣。

—— 史蒂芬・柯維

優化使命宣言

☐ 寫下或修訂你的使命宣言。
請務必：

- 依照原則為基礎。
- 釐清對你而言重要的事物。
- 提供方向和目的。
- 反映你的最大優點。

請自問：─────────────

我對未來一心要實現的願景是什麼？

使命宣言決定你的最高價值和優先要務。那是你心中的人生目標。它使你能主動塑造自己的未來，而不是讓別人或環境來塑造你的未來。

使命宣言賦予你對自我不變的信念。

―― 史蒂芬・柯維

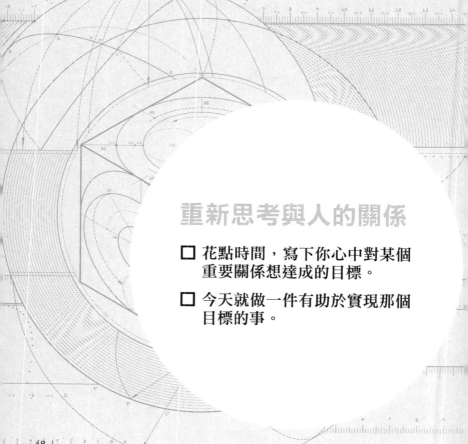

重新思考與人的關係

☐ 花點時間，寫下你心中對某個
重要關係想達成的目標。

☐ 今天就做一件有助於實現那個
目標的事。

請自問：————————————————————

這星期我要如何維護我最重視的關係？

當我們專注於效率，就不免會忽視對我們真正重要的
人。可是真正的效能來自我們對別人的影響。

當我們確實知道什麼對我們最最重要，人生將變得多麼
不同。

——史蒂芬‧柯維

Habit 02

習慣二　以終為始

分享使命宣言

☐ 今天就把你的使命宣言分享給一個你信任的人，也許是好友或家人。請他幫你斟酌推敲。

請自問：—————————————————

我生命中有哪些人受我個人的使命影響最大？

使命宣言不只為你個人而寫；要是親人懂得你的目標、價值和願景，對他們也有好處。

我們是發現而不是發明自己的人生使命。

———維克多・法蘭柯（Viktor Frankl）

Habit 02

習慣二 以終為始

平衡各種角色

☐ 找出你人生中最重要、但你可
　能忽略的一個角色：合夥人、
　專業人士、父母、鄰居等等。

☐ 今天就做一件把那個角色做得
　更稱職的事。

請自問：————————————————————————

我是否太過投入某個角色，因而未能扮演好其他角色？

我們雖然想要兼顧人生所有的重要角色，有時卻會過分強調某個重要角色（經常與工作有關），以致於失去平衡。

在追求圓滿人生的過程中，通常會出現一個重大問題，就是……失去比例感，失去平衡……他們可能忽略生命中最珍貴的關係。

—— 史蒂芬・柯維

Habit 03

習慣三

要事第一

為活動排列優先順序，專注於最要緊的事。
多把時間用於重要而不急迫的第二類事務。

設定目標

☐ 挑一個你一直在努力的目標，或是選一個新目標。定義達成後的結果。想想成功會是什麼樣貌？

☐ 把達成這個目標需要進行的活動排入行事曆。

請自問：

有哪一件事如果固定去做，可以對我的人生產生重大、正面的影響？

目標應該反映你最深信的價值、你獨特的才能和使命感。具效能的目標會賦予日常生活意義和目的，也要轉化為日常的活動。

幸福有部分是來自願意並能夠犧牲眼前的需求，以換取最終嚮往的收穫。

——史蒂芬・柯維

善用時間

☐ 每天一開始，就用時間矩陣（Time Matrix）估計，你對每一類事務要花多少時間。

☐ 每天結束時，記下你對每一類事務實際各花費多少時間。

☐ 你對自己運用時間的方式是否滿意？有什麼需要改變的？

請自問：

我在哪一類事務上花的時間最多？成果如何？

時間矩陣是根據急迫性和重要性來界定活動。

	急迫	不急迫
重要	第一類　必要 危機頻仍 緊急會議 拖到最後一刻 急迫問題 突發事件	第二類　效能 主動出擊 重要目標 創意思考 規劃預防 建立關係 學習更新 休閒
不重要	第三類　分心 不必要的干擾 多餘報告 不相干會議 管他人小事 不重要的電郵、電話、 　任務、狀態貼文……	第四類　浪費 瑣碎小事 避重就輕 過度放鬆、看電視、玩 　遊戲、上網 浪費時間的行為 聊八卦

祕訣在於不要就日程表訂定優先順序，而是就事件本身的重要性來安排行事曆。

——史蒂芬・柯維

為第一類事務做準備

☐ 選一件最近的緊急事件。

☐ 腦力激盪有哪些方式可避免或
預防它再發生。

請自問：————————————————

有多少我遇過的危機，可以事先做好準備，加以
預防？

第一類事務既急迫又重要，是需要馬上加以注意的
事。每個人的生活中，難免都會遇到第一類活動，可
是有些人會因此而疲於奔命。

大多數人花太多時間在急迫的事情上，反而用在重要事
情上的時間不夠多。

—— 史蒂芬‧柯維

Habit 03

習慣三　要事第一

以第二類事務為生活重心

☐ 選一件對你人生可能有重大影響的第二類活動。

☐ 安排時間在本週去做這件事。

請自問：

有哪個第二類活動是我最需要去做的？

高效能人士會把大部分時間用於第二類活動：

- 主動出擊
- 重要目標
- 創意思考
- 規劃與準備
- 建立關係
- 更新與休閒

重點在於把重要的事當作重點。

—— 史蒂芬・柯維

Habit 03

習慣三 **要事第一**

做好每週規畫

☐ 找個安靜的地方，花二、三十分鐘做計畫。

☐ 要兼顧使命、角色和目標。

☐ 為每個角色選擇一、兩個大石塊，放進行事曆裡。

☐ 以大石塊為中心，安排其餘的工作、約會和活動。

請自問：

本週我能為每個角色做一、兩件什麼最重要的事？

高效能人士在每週開始前，會獨自找時間做好一週規畫。目標、角色和第二類活動就是「大石塊」，先放好大石塊，次要的事像「碎石子」，就放在大石塊的四周。

如果問我，有什麼單一的作為最能夠平衡生活並提高生產力，那就是：在每週開始前……做好一週計畫。

——史蒂芬・柯維

做抉擇時保持真誠

☐ 想出一種你在做抉擇時很難保持真誠的狀況。

☐ 設想在那種時刻，要用什麼方式，才有利於達成第二類優先要務。

請自問：

什麼事會使我無法貫徹執行大石塊？當我向壓力低頭，忽略真正的優先要務時，感覺如何？

當我們在第二類優先事務與當下的壓力間做抉擇時，就會顯露出本性。做出符合個人使命、角色、目標的抉擇，就會有效能。

當你度過每一週……急迫但不重要的事，會威脅到你計劃好的重要第二類活動。請運用獨立意志，堅持忠於真正的要事。

—— 史蒂芬・柯維

Habit 03

習慣三　**要事第一**

去掉不重要的事

☐ 列出一份浪費時間和分心事務的清單。

☐ 圈出最大的禍首。

☐ 今天就設法去除或減少用在這上面的時間。

請自問：

我花多少時間在第三和第四類事務上？我為此付出什麼代價？

第三和第四類活動是時間賊：偷走你的時間，卻不會有回報。

你必須決定你的最高優先要務是什麼，並且有勇氣對其他事務，愉快、無歉意的說「不」。這麼做的祕訣是，在心中更大聲的熱烈說「對」。

——史蒂芬・柯維

信守承諾

☐ 想出一個重要但無進展的目標。

☐ 設想為推動那個目標，你最起碼可以做些什麼。

☐ 無論如何都要守住承諾。下週再找大一點的目標。

我是否相信自己能實踐對自己許下的承諾？

大部分目標都有挑戰性，否則早就達成了。要是真心想實現某個目標，卻遲遲不付諸行動，難免對自己產生挫折感。

對自己做個小承諾，切實做到；再做大一點的，然後再大一點。最後你的榮譽感會勝過心情。

—— 史蒂芬・柯維

從個人成功

到

公眾成功

Habit 03

習慣三 要事第一

建立情感帳戶

☐ 找出很重要但也許已很糟糕的
　關係。

☐ 列出三種你可以儲蓄的存款。

☐ 列出三種你需要避免的提款。

請自問：——————————————————————

我是否知道，對我生命中重要的人，什麼是存款，什麼是提款？

情感帳戶象徵著人際關係中存在的信任度。存款是建立和修復信任。提款是破壞信任。

在人際關係中，小事就是大事。

—— 史蒂芬・柯維

Habit 03

習慣三　要事第一

勇於道歉

☐ 向你曾經錯待的人道歉。找出可以彌補傷害的方法。

請自問：

我需要向誰道歉？

犯錯或傷到別人時，說聲對不起，可以立刻恢復被超額提款的情感帳戶。這麼做需要勇氣。

為重建破碎的關係，我們必須先研究自己的心理，以發現本身的責任，就是所犯的錯誤。

—— 史蒂芬・柯維

Habit 03

習慣三　要事第一

不吝原諒

☐ 要是你曾受到傷害，而且至今對此耿耿於懷，要知道對方與你一樣，也有弱點。

☐ 原諒傷害你的人。

請自問：

我是否讓別人的言語或行為成為自己的負擔？

我們都曾經因為別人輕率的言行而受傷。

每當我們認為問題是「外在環境」造成的，那種想法本身就是問題。

—— 史蒂芬・柯維

Habit 04

習慣四
雙贏思維

抱持人人都能贏的心態；
為別人的成功感到高興。

Habit 04

習慣四 **雙贏思維**

把別人成功當作
自己成功

☐ 選出一個能因雙贏思維而受益
的重要關係。

☐ 寫下對你和對對方而言，各自
怎麼樣才算贏。不清楚對方心
目中什麼是贏嗎？就開口問！

請自問：

在哪些關係裡，你比較不會從雙贏角度去想？如果改變態度，會有什麼好處？

高效能人士會像對自己的成功一樣，也同樣重視別人的成功。我們會花時間去找出贏對彼此的意義。

雙贏不是人際技巧，而是做人處事的整體思維。那是在所有互動中，都追求互利的心理和心態。雙贏把人生看成是合作而非競爭之地。

—— 史蒂芬・柯維

Habit 04

習慣四　雙贏思維

避免匱乏心態

☐ 舉出你在生活中會有匱乏心態的領域（認為沒有足夠的愛、金錢、注意力、資源，以供人人能夠享有）。

☐ 想想這種匱乏心態可能的來源。

請自問：

匱乏的想法在哪裡妨礙到我獲得最佳成果？

匱乏心態（Scarcity Mentality）會害你喜歡跟別人比較、競爭，覺得受到威脅，而不是與人合作，追求最大成功。

一般人都會擔心有所匱乏，認為世界如同一塊大餅，並非人人得而食之。假如別人多搶走一塊，自己就會吃虧。

—— 史蒂芬‧柯維

Habit 04

習慣四 **雙贏思維**

培養富足心態

☐ 説説你可以怎麼做以增加自己的富足想法：為自己和別人的長處感到高興，不要比較，分享資源。

請自問：————————————————————

我是否真心相信，資源不但足夠讓人人分享，還會有剩？

擁有富足心態的人，不會因別人成功而覺得受到威脅，因為我們對自我價值有安全感。

富足心態源自厚實的個人價值感與安全感。相信世間有足夠的資源，人人得以分享。

—— 史蒂芬・柯維

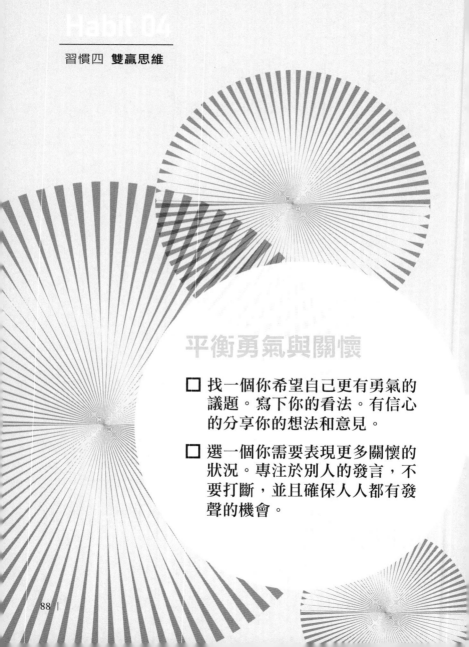

平衡勇氣與關懷

☐ 找一個你希望自己更有勇氣的議題。寫下你的看法。有信心的分享你的想法和意見。

☐ 選一個你需要表現更多關懷的狀況。專注於別人的發言,不要打斷,並且確保人人都有發聲的機會。

請自問：

有沒有一些你缺乏勇氣或不夠關懷的關係？你為
此付出什麼代價？

高效能是指必須有勇氣。就是願意並且能夠有尊嚴的
說出自己的想法。高效能也代表關懷。就是願意並且
能夠有敬意的請教並聆聽別人的想法和感受。

有勇氣表達自己的感情與信念，又能顧及他人的感受與
想法，這是成熟的做法，尤其是當議題對雙方都很重
要時。

——史蒂芬·柯維

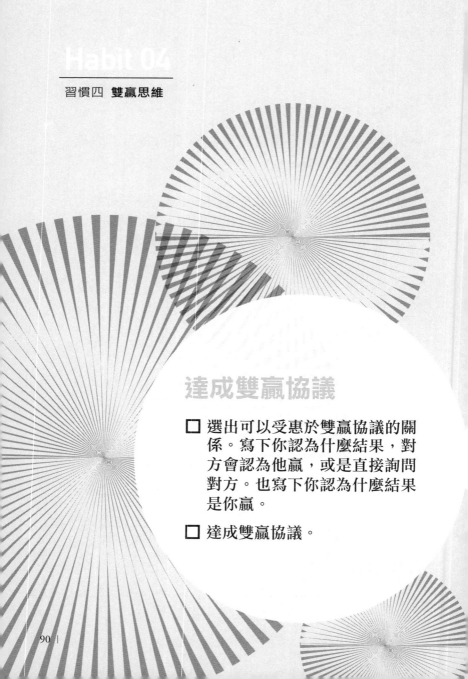

達成雙贏協議

☐ 選出可以受惠於雙贏協議的關係。寫下你認為什麼結果,對方會認為他贏,或是直接詢問對方。也寫下你認為什麼結果是你贏。

☐ 達成雙贏協議。

請自問：──────────

我跟別人協商時，目的是什麼？我是否致力於取得雙贏？

雙贏協議是雙方都承諾，要同時追求兩方面的利益。雙贏協議可以是正式或非正式，也適用於任何關係或情況。

即使寫下白紙黑字，若沒有誠信的品格與互賴的關係做後盾，任何協議都是空談。為了雙贏，我們需要真正有意願去經營能促成雙贏的關係。

——史蒂芬‧柯維

習慣四 **雙贏思維**

肯定別人的功勞

☐ 找出有功勞值得肯定的人，他也許是本身做出成果，或是協助你有所成就。你可以私下或公開肯定他的貢獻。

請自問：

誰最近曾幫助我完成某件事？我有沒有謝謝他？

對許多人而言，公開或私下的肯定，具有很大意義。
大方分享功勞，可以增進信任，加強關係。

當人們不急於搶功，能成就的大業超乎想像。

——美國總統杜魯門

Habit 05

習慣五

知彼解己

用同理心去聆聽別人，
然後要求別人也好好聽你說。

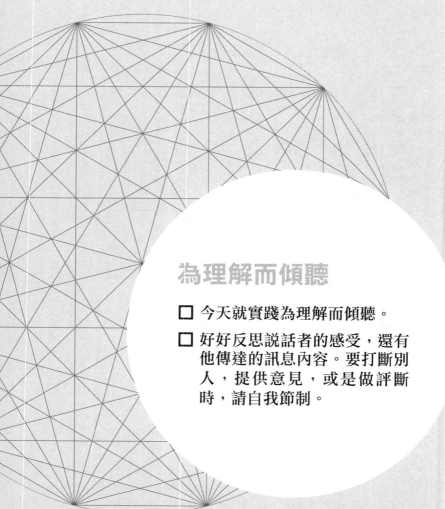

為理解而傾聽

☐ 今天就實踐為理解而傾聽。

☐ 好好反思說話者的感受，還有
他傳達的訊息內容。要打斷別
人，提供意見，或是做評斷
時，請自我節制。

請自問：

我周遭的人是否覺得我真正了解他們？

用同理心聆聽，意思是指不論我們同不同意，都要確實把握對方真正在意的是什麼。用同理心聆聽的目的，是為了理解。在回應時，要思考對方的感受和用語。

在物質生活無虞後，人類又會生出另一種渴望，就是精神上的滿足，希望被了解、被肯定、被賞識。

——史蒂芬・柯維

Habit 05

習慣五　知彼解己

開放心胸

☐ 找一個你不太親近的人，簡單
問一句：「近來好嗎？」敞開
你的胸懷，練習同理心傾聽。
你對聽到的內容會大感意外。

請自問：

當我愛護的人在說話時，我有用心在聆聽嗎？

情緒激動時，請著重於你的用意在理解；別擔心要怎麼回應才對。

當你真正從別人的觀點去聽他說了什麼話，再把你的理解反饋給他，那就彷彿給了他情感氧氣。

—— 史蒂芬·柯維

Habit 05

習慣五　知彼解己

不要只聽想聽的話

☐ 回想當別人以理解和尊重聽你說
　話的時刻。你當時感覺如何？

請自問：────────────────

我聆聽是否只是為了回應，不是為了理解？

只聽想聽的話，是以自己的經歷去過濾別人所說的內容。你的重心不是放在講者身上，而是等著要插話，要表達你的看法。

────────────────────

好好的聽，不然你的舌頭會讓你耳聾。

── 美國原住民諺語

Habit 05

習慣五 知彼解己

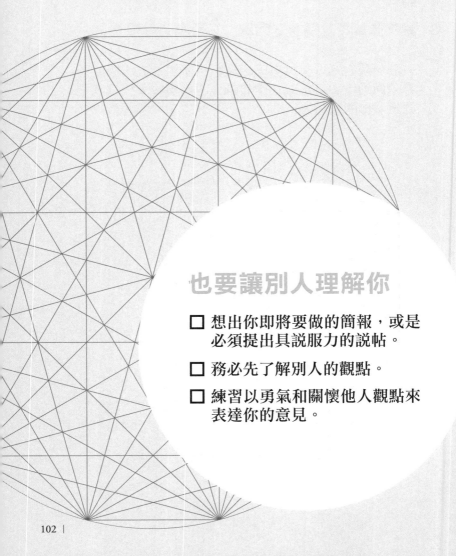

也要讓別人理解你

☐ 想出你即將要做的簡報，或是
必須提出具說服力的說帖。

☐ 務必先了解別人的觀點。

☐ 練習以勇氣和關懷他人觀點來
表達你的意見。

請自問：────────────────

我說話的方式是否顯得出我了解對方？我分享自己的看法時是否清楚明白？

有效溝通的第二部分，是讓別人也理解我。一旦我們有信心，已經讓別人有被理解的感覺，我們就能以尊重而清晰的態度，分享自己的看法。

先深切了解別人的思維和關切事項，在這種脈絡下清楚表達自己的想法，那些想法的可信度會因此增加。

　　── 史蒂芬・柯維

把同理心溝通帶進數位世界

☐ 下次當你用數位方式進行溝通，碰到情緒激動時，請試著採用以下方法：

- 讓對方講完他要說的，再回應。

- 思考對方的感受和話語，再表達自己的想法。

- 清楚說出自己的用意：要明確。

在數位世界要做有效溝通，你需要的用意和技巧，與面對面溝通沒有兩樣。挑戰通常出在如何解讀和傳達經由數位媒體傳遞的用意。

人類最快速的溝通形式，是保有同理心。

── 史蒂芬・柯維

Habit 06

習慣六
統合綜效

重視和歡迎差異，
才能達成超出個人能力的成就。

Habit 06

習慣六 **統合綜效**

自差異中學習

☐ 選一個你關心的政治或是社會議題。

☐ 暫時放下個人觀點。

☐ 找一些人，去發現他們的看法。藉聆聽去理解。

☐ 寫下至少三個你從這練習中獲得的新見解。

請自問：

我從意見與我不同的人那裡可以學到什麼？

我們有大好機會，可以從別人的經驗、觀點和智慧中
成長。差異可以是學習而非衝突的來源。

缺少安全感的人需要別人順從與附和。他們不了解，人
際關係最可貴的，正是接觸不同觀點。一成不變是缺乏
創意，而且令人厭煩。

—— 史蒂芬·柯維

Habit 06

習慣六 **統合綜效**

集思廣益解決問題

☐ 找某個人（或團體）談一談你正面臨的問題。

☐ 問對方：「可不可以幫我想一些我自己還想不出來的辦法？」

☐ 花幾分鐘腦力激盪。有想出哪些方法是你能用的？

請自問：──────────────

有哪個問題是你單獨面對，好像解決不了的？

你不必全靠自己找出所有答案。在面對問題時，集思廣益可以讓你自己絕對想不到的點子浮現出來。

獨力難以成事，眾志可以成城。

── 海倫・凱勒

Habit 06

習慣六 **統合綜效**

尋求第三選擇

☐ 下次開會時,請觀察會議上有沒有發生統合綜效。

☐ 想出一個會因綜效受益的問題。博採眾議尋求第三種解決方案。

請自問：

我什麼時候可能會妥協？什麼時候會體驗綜效？
這兩者有什麼差別？

綜效取決於願意去尋求第三方案。不是只有「我的」
或「你的」方式，而是更好、更高明的方式。只靠我
們雙方是想不出來的。

綜效是什麼？簡單定義，綜效就是指全體大於部分的總
和。就是一加一可能等於十、百，甚至千！

——史蒂芬・柯維

Habit 06

習慣六 **統合綜效**

重視差異

☐ 找一個與你意見不同的人，列舉他的長處。

☐ 當他與你意見不合時，請說：「太好了！你看事情跟我不一樣。我需要聽聽你的看法。」

請自問：————————————————————

我是否知道，一起工作和生活的人有什麼特別的
長處？我在哪些關係裡，是忍耐彼此的差異，而
不是珍視那些差異？

重視差異是產生綜效的基礎。把差異看得很重要，樂
於接受，不會排斥或勉強容忍，才會獲得最大效能。
把別人的不同意見看成優點，不是缺點。

統合綜效的精髓在於珍視差異：尊重差異，截長補短。

—— 史蒂芬・柯維

Habit 06

習慣六　統合綜效

你對差異有多開放

- ☐ 列舉你的人際關係中顯現的某些差異：年齡、政治傾向、作風等等。

- ☐ 寫下你可以怎麼做以增進對差異的重視。

請自問：————————————————

我是否對從差異中學習抱持開放的態度？

一般思維多半是認為自己很客觀，別人都不客觀。有
效能的人必須謙虛的承認，自己的認知是有限的。

重視差異的關鍵在於，體認到每個人看世界不是一個模
樣，而是很多樣貌。

—— 史蒂芬‧柯維

破除阻力

☐ 找一個你正努力達成的目標。

☐ 舉出你因此遭遇的障礙。

☐ 請某人幫忙你,一起腦力激盪,
  想出克服這些障礙的方法。

請自問：

我目前遇到什麼障礙，如果單獨面對，好像無法超越？

當你願意以綜效的方式去解決問題，一定能想出克服挑戰的新方法。

當你採行統合綜效……就能破除阻力，擺脫阻力的束縛，創造新洞見。

　　——史蒂芬・柯維

善用他人長處

☐ 列出你最親近的朋友、家人、同事。

☐ 在這些人的名字旁邊寫下他們的長處。

☐ 在這些長處當中,是否有你正面臨的挑戰可以用得到的?

請自問：─────────────────

我應該怎麼做，才能更加善用生活中其他人的長處？

我們周遭的人一定都有長處，只可惜我們經常不懂得善用。

如果只靠本身的體驗，就會一直受限於資訊不足。

——史蒂芬・柯維

Habit 07

習慣七
不斷更新

在生理、心理、靈性、社會／情感
等四方面不斷為自己充電。

Habit 07

習慣七　不斷更新

日復一日提升自我

☐ 寫下你日常提升自我的例行作為。有哪些地方可以改進？

☐ 在下一週的日程規畫中，留下時間進行自我更新。

請自問：──────────────

我是否每天都花時間更新自己的身、心、智、靈？

日復一日提升自我，是每天花時間，做例行的更新身、心、智、靈，也是養成七個習慣的關鍵所在。

每天為個人的成功花一小時，所得到的效果無可比擬。那會影響所有的決定，所有的關係，也會大大增進每天其他各小時的品質和效能。

　　── 史蒂芬・柯維

強健體魄

☐ 本週就選定一種方式加強自己
的體能：

・設好鬧鐘，提醒上床時間。

・找出提升你的行動力又對你
有挑戰性的活動。

・在例行健身鍛鍊中加入新元
素：耐力、彈性或肌力。

請自問：————————————————————

有哪種方式能使我同時加強肌力和彈性？

生理更新就是照顧自己的身體：健康飲食、充分休息、固定運動。

大多數人認為沒有足夠時間去運動。這是多扭曲的想法！我們是沒有時間不去運動。

—— 史蒂芬・柯維

Habit 07

習慣七　不斷更新

更新靈性

☐ 本週就選定一種方式加強自己
　的靈性能力：

　　・把使命宣言修得更好。

　　・花時間接觸大自然。

　　・聽音樂或創作音樂。

　　・在社區擔任志工。

請自問：

我是否以個人的價值觀為重心？

靈性是生命中非常私密的領域，也是極為重要的領域。它會吸引感動你、提升你的來源。

靈性是人的核心，代表價值體系。

——史蒂芬·柯維

Habit 07

習慣七 **不斷更新**

提升心智

☐ 本週就選定一種方式加強自己
  的心智能力：

　・寫日記。

　・閱讀經典著作。

　・培養嗜好。

請自問：

我是否以煥然一新的心智展開每一週的生活？

許多人離開學校後，就讓心智停滯。但是學習對心智更新非常重要。

定期自我教育的最佳方式，莫過於養成閱讀文學名著的好習慣。

——史蒂芬‧柯維

Habit 07

習慣七　不斷更新

拓展胸懷

☐ 本週就選定一種方式加強自己的社交／情感能力：

・邀請朋友一起晚餐。

・原諒某人。

・發送簡訊或電郵給最近疏於聯繫的朋友。

請自問：

本週我可以與誰聯絡？

人的情感生活雖不是全部，但主要是透過與他人的關係發展而來。

接觸另一個人的靈魂，就是走在聖地上。

—— 史蒂芬・柯維

Habit 07

習慣七　不斷更新

留時間給自己

☐ 今天就留給自己三十分鐘。找個
紓解壓力的活動，馬上去做。

請自問：——————————————————————

急迫事件是否擠壓到我的更新時間？

更新是第二類活動，我們必須主動積極去做。

人生最值得的投資，就是磨練自己。

——史蒂芬・柯維

不受制於科技

☐ 今天就做一件減少因科技而分心的事：

・關掉通知。

・一天只查看一次社交媒體。

・絕不讓科技裝置打斷談話。

・在為大石塊努力時，把科技裝置關掉。

請自問：

我是否因為使用科技產品而犧牲了最重要的目標和關係？

科技裝置可能是急迫事件的終極來源。我們可能覺得每則訊息都回覆，代表生產力高，其實那多半只會分散注意力。

我們雖然致力於管理時間，希望利用現代科技奇蹟做更多事，扮演更多角色，達到更高效率，可是為什麼卻常常發現自己是「無事忙」？

—— 史蒂芬‧柯維

額外附贈

關於使命宣言的練習

當我們掌握真正重要的願景，

然後勇往直前，堅持到底，

生命是多麼不一樣。

—— 史蒂芬・柯維

當我在斟酌要為本書加贈什麼內容時，我問自己：「對讀者和讀者的未來，影響最大的會是什麼？」這時我想起同事安妮曾經講過一個故事：

我在社區學院教過幾年「七個習慣」。幫助那些年輕人，還有不怎麼年輕的非傳統學生，教他們

習慣、目標和原則的力量，是很難得的經驗。我
當他們的老師兼朋友，很好奇我教的內容和那些
習慣，對學生有什麼影響。我想知道，他們花時
間上這門課，覺得最切身相關和最有收穫的是在
什麼地方。所以我在期末考隨意加了一題「自由
申論」題。我想讓學生有機會誠實分享，況且每
次考試都應該包含自由申論題，不是嗎？除非不
去考試，否則不該有人一題都答不出來。

我的期末考最後一題是：「你最喜歡的習慣是哪
一個，理由是什麼？」令人訝異的是，我發現絕
大多數的學生都選習慣二：以終為始。理由不
一而足，但是有個核心主題卻十分明顯：這是
第一次，大多數學生會為自己的前途規劃出一個
方向。有部分學生規劃要讀大學，以及打算學什
麼，將來要從事什麼行業，可是有很多學生是因
為家長期望才來念書。我教的大學生裡，百分之

九十九沒有人生願景，沒有驅策他的目標，沒有人生想做的貢獻，沒有人生使命。

當一學期又一學期過去，學生在期終時說出同樣的話：「現在我終於有了人生的目的和意義」，我實在很驚訝。

我想我是太驚訝了，因為我很年輕時就選定了人生目標，我不知道為什麼會這麼做，也不知道是什麼原因，讓我很專注於目標，反正我就這麼做了，也認為別人都一樣。

這種經驗應該不算少見。有很多人並沒有特別設定人生想要做出什麼貢獻，或是有什麼目的在促使他們行動。因此我覺得，提供建立目標的工具很重要。就算你像安妮一樣，很早就訂下人生目標，這也是再次提醒你，不要走偏的練習。誰知道？或許你的目標還會因此改變。

請好好享用我附贈的內容。當你讀到這裡時，請自問以下問題：

- 我有沒有設定人生目標？
- 我是否知道有什麼事是只有我能做，而別人不能做或不願做的？
- 我希望成為什麼樣的人，做出什麼樣的成就？
- 我想要遵循什麼原則和價值過日子？
- 我會留下什麼給後人？

　　請運用你在本書學到的一切，協助你訂下自己的使命宣言，並且盡力成為最有效能的人。你的效能可以改變世界。

本書主編

撰寫或檢視使命宣言，會改變你，

因為你勢必要從自身的行動與信仰切入，

徹底檢討自己真正的理想。

隨著思想日益清明，

你將不再是受環境驅使操弄的人。

──史蒂芬‧柯維

你想留下什麼給後人？

在討論訂立使命宣言的問卷前，請先找個你能獨處、不受打擾的地方，好好讀讀以下幾頁。拋開一切雜念，只專心閱讀，還有我邀請各位去做的事。

假設你正前往參加一位至親的喪禮，親朋好友齊聚一堂。你感受在場每個人發自內心的共同哀痛。

當你走到靈堂前方，看向棺材裡，你突然與自己面對面。原來這是你的喪禮，大家是來悼念你的。你等著儀式開始，看到節目單上有四個人會上台講話。

第一位是家人。第二位是朋友。第三位是同事。第四位是與你同一社群的人。

現在請認真想一想。你希望他們對你這個人和你的人生有什麼評語？

蓋棺論定時，

你希望獲得的評價，

才是你心目中真正渴望的目標。

如果你認真在腦海中想像這些景象，就等於是短暫觸及了你深層而基本的價值，並與你的內在信仰架構進行了初步接觸。

以終為始意味著，著手任何事之前，先認清方向，如此不但可對目前所處的狀況了解得更透澈，也不致在追求目標的過程中誤入歧途。我曾經對這個習慣寫下以下句子：

習慣二：以終為始是說，

你對自己的人生方向應該有明確的規畫。

你要決定自己的價值觀和設定目標。

假如習慣一是說，你要主導自己的人生，
那習慣二就是要你決定自己的人生方向，
並且畫出達到目的地的地圖。

　　當我們掌握真正重要的願景，然後勇往直前，堅持到底，生命是多麼不一樣。

　　每個人的人生都要扮演多種不同的角色，也要對不同的領域或能力負起責任。以我為例，我有個人的角色，或許也要扮演丈夫、父親、教師和企業家。每個角色都很重要。

　　當人們想要變得更有效能時，無法兼顧全局是一大問題。他們會顧此失彼，無法保持平衡，無法保持生活有效能所需的自然生態。他們可能為了工作疲於奔命，忽略健康。也可能為了事業成功，忽略人生最珍貴的關係。

　　如果分開不同的角色領域，一一訂立想達成的目

標，你的使命宣言可能會更加平衡，更加易於實行。

　　從人生重要角色的角度撰寫使命宣言，可以帶來平衡及和諧，能讓你清楚看到自己的各種角色。你也可以經常審視這些角色，以免過度偏重其中一個，以致排除生命中其他同樣重要、甚至更重要的角色。

　　確立自己的各種角色後，就可以思考在各角色上你想要達成的長期目標。我們進入右腦，利用想像力、創造力、良知和靈感。如果這些目標，來自正確原則形成的使命宣言，絕對與一般設定的目標極為不同。它們會吻合正確的原則和自然法則，那會給你更大的力量來加以實現。這些目標不是接收自他人，而是你自己的目標，反映著你最深層的價值觀、獨特的天賦，以及使命感。

　　　　我認為人人都具備內在的監視器，

　　　　　　就是認知和良能，

它足以讓我們體認本身獨具的長才,

和能夠做出的獨特貢獻。

有效的目標側重於結果,而不是活動。它標定出你想要的,並在前進過程中幫助你確認所在的位置。

角色與目標能賦予人生完整的架構與方向。假定你還缺少這麼一份個人使命宣言,現在正是開始撰寫的最佳時機。只要列出你的生活領域,針對每個領域,選定兩、三項你覺得為了突破現狀應該達成的結果;這能給你方向感,讓你全面觀照個人人生。

————————————

史蒂芬·柯維

富蘭克林柯維公司的個人使命宣言工具,可以協助你訂立個人化的獨特使命宣言。若要在線上進行,請上:

https://msb.franklincovey.com

現在就開始吧。

使命宣言問卷

步驟一：表現

(1) 我表現最優是在……的時候

(2) 我表現最差是在……的時候

步驟二：熱情

(1) 我在工作上，最喜歡做的是什麼？

(2) 我在個人生活上，真心愛做的是什麼？

步驟三：天分

(1) 我的天賦有：（例如可能是藝術、音樂、做決策、交朋友等等）

步驟四：想像力

要是我有無盡的時間和資源，也知道自己不會失敗，那我會選擇做什麼？

(1) 我會：

步驟五：願景

想像你的人生是史詩般的旅程，你是其中的主角。你心目中那會是什麼樣的旅程？請完成下面的句子，描述你正在做什麼、為誰而做、為什麼要做、旅程會有哪些成果。

(1) 我的人生旅程是……

步驟六：品格

(1) 假設你在過八十大壽。誰會陪你一起過？你希望他們如何推崇你的人生？

步驟七：貢獻

(1) 我認為我未來，對生命中最重要的人，最重要的貢獻是什麼？

步驟八：良心

(1) 儘管我可能好幾次否定自己的想法，可是有

沒有我真心覺得應該去做或應該改變的事？
那是些什麼事？

步驟九：影響力

假設你可以請三個從過去到現在對你影響最大的
人吃晚餐。請寫下他們的姓名，還有一項你最佩服他
們的特質或特性。

(1) 姓名：

　　特質：

(2) 姓名：

　　特質：

(3) 姓名：

　　特質：

步驟十：平衡

且把平衡看作是在生理、心理、靈性、社會／情
感四大層面都處於滿足和更新的狀態。你在這些領域
各有哪一件最重要的事，如果去做，可以對你的人生

產生最大的正面影響，並幫助你得到平衡？

    (1) 生理：

    (2) 心理：

    (3) 靈性：

    (4) 社會／情感：

時間一久，環境會變。優先要事會變，目標和夢想也會變。這很正常，因為改變代表成長。隨著個人成長、轉變、視野擴大，請給自己擴展和修正使命宣言的自由。

至於現在，請恭喜你自己，你做得很好。把你新設定的人生目標告訴親朋好友。

生命是旅程。使命宣言就是你的地圖。

有關使命和目標的箴言

使命宣言是個人的基本大法、基本人生觀，也是衡量一切利弊得失的基準。

—— 史蒂芬·柯維

不知道自己方向的人，就不會有順風幫忙他。

—— 古羅馬哲學家塞內卡

我的人生使命不只是為生存，更要興盛成功；而且過程中，要帶著幾許熱情、慈悲、幽默、風格。

—— 美國作家和詩人瑪雅·安吉羅

專注於使命。

—— 美國創業家諾文·詹恩（Noveen Jain）

個人領導不能只靠單一經驗，不是只寫寫個人使命宣言就足夠。這是個持續不輟的過程，是讓你的願景與價值觀在前引導你，讓你生活的重心和最看重的事物維持在同一軌道上。

—— 史蒂芬·柯維

如果你主動積極，就不必等待環境或別人來創造拓展視野的經驗。你可以有意識的自己去創造。

—— 史蒂芬·柯維

有一個測驗可以知道，你在地球上的使命是否已經完成：如果你還活著，那就還沒有完成。

——《天地一沙鷗》作者李察·巴哈

撰寫使命宣言並非一蹴可幾，必須經過深思熟慮，幾經刪改才能定案。過程中，可能耗費幾週甚至幾個月，你才會真正覺得安心，覺得它能充分而簡潔

的表達你最深層的價值觀和人生方向。

—— 史蒂芬‧柯維

「請告訴我，我從這裡該往哪條路走？」貓說：「那多半要看你想去哪裡。」愛麗絲說：「我不在乎去哪裡 ——」貓說：「那你要走哪條路就不重要了。」

—— 《愛麗絲夢遊仙境》作者路易斯‧卡羅

我一向受到女性鼓舞，我的使命也是激勵女性。我一直想要成為某種女性，並透過時尚達成所願。那是一種對話。我看到裹身裙使女性變得有信心，舉手投足展現自信。

—— 比利時時裝設計師黛安‧馮菲斯騰貝格

當我們掌握真正重要的願景，然後勇往直前，堅持到底，生命是多麼不一樣。

—— 史蒂芬‧柯維

個人使命宣言就像一棵根深柢固的大樹。它很穩
定，不會移動，卻生氣盎然，不斷成長。

—— 西恩‧柯維

使命愈大，你獲得的啟示也愈大。

——「幸福科學」集團組織總裁大川隆法

正向提醒

　　以下是一些正向的提醒，幫助讀者持續專注於個人使命，也提醒讀者七個習慣的力量。在你努力培養每個習慣的過程中，每天挑選一個提醒，頻頻向自己複誦。把它當作那天的焦點，再觀察你的觀念發生的變化。

☆習慣一：主動積極

　　我擁有無限的能力去征服挑戰；也有無止境的成功潛能。

　　我每天早上醒來時，都對生命感到積極、熱情。

　　我決定自己的心情。

　　我注意遣詞用字。避免消極被動的話語。

　　我正面對待失敗。唯一的失敗是放棄。我從失敗中學習。

　　我把阻力看作是一時的，不會克服不了。

　　我正面對待恐懼。我從恐懼中學習。

　　我處於情緒化或困難的狀況時，會先按暫停，想一下再做出反應。

☆習慣二：以終為始

　　我願意探索未涉足過的新領域。

　　我是自己人生的建築師；我為它打地基，並且為它選擇內容。

　　我遵循使命而活。我按照內在節拍行動。我要做自己，不是做別人設定的我。

　　我投入時間、才華、能力和生命，去從事會達成我最終目的的活動。

　　我是自己的船長；我自己決定方向，自己挑選要

載的貨物。

　　每當我面臨人生重要的決定時，我會回去參照使命宣言。

　　我經常自問：「我現在過的生活，是否帶領我走在正確的方向上？」

☆習慣三：要事第一

　　我全心全意、明確專注的致力於實現目標。

　　我的每日目標會確保達成長期目標。

　　我今天會確實認真工作。整天都要仔細小心。

　　我今天會花時間加強與別人的關係。

　　我把夢想化為目標。把目標化為步驟。把步驟訴諸行動。每天完成一項行動。

　　我現在會為未來的危機做準備。

　　我把心力集中於人生想達成的目標上。

　　我把時間集中用在最重要的事物上。

☆習慣四：雙贏思維

我面對困境時，會保持勇氣和關懷的平衡。在艱難時刻，我會找到解決辦法。

我為尋求雙贏，會著重於問題的本身，而非個性或是立場。

我真心為別人的成功感到高興。

我的富足心態，出自於內在深層的自我價值感和安全感。

我對所有人際互動，選擇不斷追求互利的雙贏心態和胸襟。

我充滿信心的實踐雙贏，並且把它當作人際領導的習慣。

當別人在意輸贏，我會平衡勇氣與關懷，找出互利方式。

☆習慣五：知彼解己

我認真深入的聆聽，不做評斷，以求完全理解。

我選擇先從別人的觀點來看事情，再分享自身看法。

人心最深層的需要是被理解。

我用內心、用眼睛和耳朵去聆聽。

我以同理心傾聽，表達我的關懷和承諾。

我做回應時會注意時機和用詞。

我對他人和自己都保持耐心與理解。

☆習慣六：統合綜效

我是解決問題的人。我會與別人合作，找出最佳解決之道。

我樂於接受多元，重視個人和思想的差異。

我在個人關係上，努力追求理想的綜效環境：存

款多的情感銀行帳戶、雙贏思維、先知彼再解己。

　　我承諾與人合作，創造更好的解決辦法。

　　我對團隊合作與溝通的各種可能性，都保持開放的態度。

　　利益、肯定和成功所在多有，足夠讓每一個人都能獲得。

☆習慣七：不斷更新

　　我身強體健，充滿自信。我裡外合一。

　　我內心堅強，神智清明。

　　我追求生理、心理、靈性、社會／情感等人生四大層面的平衡。

　　我鎮定而放鬆，那使我整個人精力充沛。

　　人生是學習、承諾、行動的上升螺旋：不斷的學習、承諾和行動。

　　人體是神奇的機器，我會小心善待它，不會濫用。

　　我會想各種方法去幫助他人成長，而不是任由他們沉淪。

　　我在大自然裡找到平靜安定。

　　我運用天賦的想像力，清楚觀想著我的目標已經達成。

《與成功有約祕密版》七大要點

習慣一：主動積極。為自己的人生負責。你不是遺傳、環境或教養的受害者。請以你的影響圈為生活重心。

習慣二：以終為始。定義你的人生價值、使命和目標。依照你的人生願景過日子。

習慣三：要事第一。為活動排列優先順序，專注於最要緊的事。多把時間用於重要而不急迫的第二類事務。

習慣四：雙贏思維。抱持人人都能贏的心態；為別人的成功感到高興。

習慣五：知彼解己。用同理心去聆聽別人，然後要求別人也好好聽你說。

習慣六：統合綜效。重視和歡迎差異，才能達成超出個人能力的成就。

習慣七：不斷更新。在生理、心理、靈性、社會／情感等四方面不斷為自己充電。

史蒂芬・柯維其人其事

史蒂芬・柯維博士（Dr. Stephen R. Covey）於 2012 年辭世。他在領導力、時間管理、效能、成功和愛與家庭方面，留下無可比擬的傳世教誨。柯維博士是心理勵志和商管經典的暢銷作家，銷售量以千萬計。他致力於協助讀者認識在個人和專業上可以達到效能的原則。他的名著《與成功有約：高效能人士的七個習慣》，以具說服力、合乎邏輯、定義明確的程序，改變人們對問題的思考和作為。

柯維是國際公認的領導力權威、家庭關係專家、教師、組織顧問、作家，他的建言提供千百萬人洞見。他的著作共售出超過四千萬本（計五十種語文），而《與成功有約》被評選為二十世紀最具影響力商管書籍第一名。他也著有《第 3 選擇》、《第 8 個習慣》、《7 個習慣教出優秀的孩子》、《與時間有約》等多本好書。他是哈佛大學企管碩士、楊百翰大學博士。生前與妻子、家人住在猶他州。

心理勵志 BBP451

與成功有約祕密版
高效能人士的七個習慣
The 7 Habits on the Go: Timeless Wisdom for a Rapidly Changing World

作者 —— 史蒂芬‧柯維（Stephen R. Covey）
　　　　西恩‧柯維（Sean Covey）
譯者 —— 顧淑馨

總編輯 —— 吳佩穎
副主編暨責任編輯 —— 陳怡琳
校對 —— 呂佳真
美術設計 —— 張議文
內頁排版 —— 張靜怡、楊仕堯

出版者 —— 遠見天下文化出版股份有限公司
創辦人 —— 高希均、王力行
遠見‧天下文化 事業群榮譽董事長 —— 高希均
遠見‧天下文化 事業群董事長 —— 王力行
天下文化社長 —— 王力行
天下文化總經理 —— 鄧瑋羚
國際事務開發部兼版權中心總監 —— 潘欣
法律顧問 —— 理律法律事務所陳長文律師
著作權顧問 —— 魏啟翔律師
地址 —— 台北市 104 松江路 93 巷 1 號

讀者服務專線 —— (02) 2662-0012 | 傳真 —— (02) 2662-0007；(02) 2662-0009
電子郵件信箱 —— cwpc@cwgv.com.tw
直接郵撥帳號 —— 1326703-6 號　遠見天下文化出版股份有限公司

製版廠 —— 中原造像股份有限公司
印刷廠 —— 中原造像股份有限公司
裝訂廠 —— 中原造像股份有限公司
登記證 —— 局版台業字第 2517 號
總經銷 —— 大和書報圖書股份有限公司 電話／ (02) 8990-2588
出版日期 —— 2021 年 6 月 30 日第一版第 1 次印行
　　　　　　2024 年 4 月 25 日第一版第 7 次印行

國家圖書館出版品預行編目（CIP）資料

與成功有約祕密版：高效能人士的七個習慣／
史蒂芬‧柯維（Stephen R. Covey）、西恩‧柯
維（Sean Covey）著；顧淑馨譯 . -- 第一版 . --
臺北市：遠見天下文化, 2021.06
　面；　　公分 . -- (心理勵志；BBP451)
　譯自：The 7 Habits on the go: timeless wisdom
　　　　for a rapidly changing world
　ISBN　978-986-525-172-7（平裝）

　1. 成功法　2. 生活指導

177.2　　　　　　　　　　　　　　　110006683

定價 —— NT 280 元
ISBN —— 978-986-525-172-7
書號 —— BBP451
天下文化官網 —— bookzone.cwgv.com.tw

天下·文化
BELIEVE IN READING